AF248096

A Monsieur GAMBETTA.

# RÉFLEXIONS

SUR

### LES CAUSES DE NOTRE DÉCADENCE

ET LES

## CONDITIONS ESSENTIELLES DE LA DÉMOCRATIE

PAR

### Le Docteur VITTEAUT

MEMBRE CORRESPONDANT DE L'ACADÉMIE DE DIJON.

**Prix : 1 FRANC**

CHALON-SUR-SAONE

IMPRIMERIE ET LITHOGRAPHIE DE J. DEJUSSIEU, RUE DES TONNELIERS, 5.

—

Juin 1872.

MONSIEUR,

J'ai l'honneur de vous dédier ces pages écrites en 1867. C'est un hommage d'un genre nouveau qui vous est dû, et je vous en gratifie publiquement, non point d'une manière ironique ou banale, mais d'une manière sérieuse, pour vous solliciter à faire un retour viril sur vous-même et à réfléchir virilement, non-seulement en homme libre, je veux dire en affranchi de ses passions, mais en savant, en penseur, tel que vous vous donnez et avez la prétention de l'être.

C'est parce que vous avez eu la pensée de régénérer la France avec M. Littré et ses doctrines matérialistes, que vous conservez cette idée-mère et que vous vous obstinez à mettre dans l'ombre tout ce qui est divin; c'est aussi parce que vous ne cessez d'aspirer à jouer un rôle capital dans mon pays que je crois devoir vous soumettre *ces considérations générales sur le problème du temps*, et que je me permets d'y joindre quelques réflexions à l'endroit de votre individualité et sur les causes de nos désastres auxquels votre nom se trouve particulièrement associé. Il est bien entendu que votre personnalité privée est et doit être murée pour moi et qu'il ne s'agit entre nous et par-devant nos concitoyens que de l'homme public et de ses systèmes.

L'homme public, dans des jours de calamités prévues et qui sont loin d'être terminées, il s'est révélé en vous, il a fait son ascension, il est monté, il est monté haut dans les régions de l'air et du pouvoir, il a fait

Nota. — Ces Réflexions doivent servir de préface à un travail qui aura pour titre : *Considérations générales sur le Problème du temps.*

de grands efforts, il a développé une grande énergie, il aurait voulu souffler son âme sur la Patrie et l'arracher des bras de l'étranger. Cette tension de votre être, Monsieur, ce civisme que vous avez manifesté, je l'ai accueilli, je vous en ai su comme je vous en sais gré, je serais injuste si je le niais, j'avouerai même que mon espérance s'est un instant tournée de votre côté; mais quand j'ai constaté, au milieu de nos revers accumulés, votre ténacité à n'appeler à notre aide que le *destin, la victoire ou la mort :* quand j'ai pu voir que, loin de fléchir le genou dans les heures calamiteuses, à l'instar de ce qui se passe en pleine république aux États-Unis d'Amérique et ailleurs, et d'invoquer l'assistance du Très-Haut comme on le fait dans tous les temps, vous n'invoquiez que les forces humaines, les combinaisons de vos seules facultés; quand surtout je vous vis faire appel, à Bordeaux, au représentant de la science athée pour retremper les études et par là notre malheureuse France, oh ! alors je n'ai pas rien fait que d'émettre un doute, je me suis arrêté à cette conviction, à savoir : que vous ne seriez pour nous qu'un sauveur négatif, comme je m'étais convaincu sous Louis-Philippe et sous Louis Bonaparte que nous devions descendre lorsqu'on matérialisait la nation et que celle-ci se laissait matérialiser, comme je me persuade encore aujourd'hui que nous roulerons encore dans l'abîme, si nous ne réagissons point, lorsque celui qui nous gouverne, après avoir fait dans ces derniers temps de belles et tant bonnes phrases sur la religion catholique, s'empresse avec les siens d'agir politiquement en soustrayant à votre influence le chef de file de nos pseudo-savants, ce Littré en question, et avec lui ses co-sectaires, tous les positivistes, en s'emparant de son nom, en accourant de Versailles à Paris voter pour lui dans le sanctuaire des lettres, en le faisant couronner membre de l'Académie et en l'admettant à sa gauche (*sinistrâ*) au banquet présidentiel de l'Élysée.

Vous avez sombré, Monsieur, dans la lutte et vous n'avez pas sauvé la Patrie. Je ne vous en veux point pour cela, pas plus que je n'en veux à Trochu, pas plus que je n'en veux à Chanzy, au général Bourbaki, pas plus que je n'en veux à d'autres. Il faut voir les choses telles qu'elles sont, mais il faudrait aussi un peu de modestie et quelque peu de recueillement pour découvrir les causes de nos immenses infortunes.

Dans cette guerre formidable, qui était malheureusement, par la faute du gouvernement impérial, devenue nécessaire, et pour laquelle on aurait dû se préparer, nous devions être vaincus au début, parce que nous n'avions point à opposer à l'Allemagne la discipline, l'esprit de travail, les plans prémédités, les légions armées, l'artillerie qu'elle nous opposait; nous devions être vaincus après le 4 septembre, parce que, à quelques exceptions près, notre état-major, dont l'empire avait garni la bourse, la poitrine et l'estomac de bons écus, de décorations et de jambons de Mayence, se souciait fort peu de se faire tuer pour la république et encore moins pour vous ; nous devions nous noyer dans la Loire, parce qu'il est de toute impossibilité qu'un avocat, qui n'a jamais été qu'avocat, puisse diriger de grandes opérations militaires, et vous, avocat, vous vous étiez donné cette mission ; nous devions être engloutis dans les neiges et succomber du côté de l'est, parce que nos soldats n'étaient plus des soldats, c'étaient des fantômes d'hommes, des masses démoralisées, qui souffraient du froid et de la faim, grâce à la cupidité des uns, à l'abandon des autres, à l'anti-patriotisme du plus grand nombre.

Pour mon compte, j'ai pu apprécier, dans les quelques tentatives que j'ai faites, combien les projets isolés, les résolutions particulières, les dévouements partiels, et il y en a eu plus d'un, ne faisaient que s'abîmer dans cet océan d'acier qui débordait d'outre-Rhin sur notre territoire, et combien nous devions par l'abaissement du niveau moral être condamnés à avoir le dessous ; car, après la bataille d'Orléans, lorsque je vous avais fait part d'un projet de ravitailler Paris par la Seine ou par l'Yonne, au moyen de convois invisibles, lorsque je ne voyais plus qu'une chance de salut, celle qui consistait d'après moi à décréter une levée de 20 à 50 ans, applicable seulement à la Bourgogne, à soulever ce pays, pour opérer le ravitaillement tel que je l'avais conçu, et aussi pour faire une puissante diversion du côté de Belfort, vaincus que nous étions dans l'ouest, dans le nord et vers le centre, il m'arriva d'aborder un de vos sous-préfets. Ce fonctionnaire nommé par vous, votre ami, avocat comme vous, avait été séduit par mon dessein ; il avait envoyé mon plan à Tours ; il attendait une réponse que vous ne pouviez donner tant vous étiez occupé à lancer décrets sur décrets, et tant les opérations militaires vous absorbaient. Cet agent m'accueillait donc cordialement, quand j'eus le malheur de lui dire que, dans le but de mieux approfondir mon sujet et pour résoudre les obstacles, j'avais cru devoir en conférer avec les ingénieurs de l'arrondissement, et entre autres avec M. de ..., qui avait étudié d'une manière spéciale les barrages de la Seine. A ce nom de M. un tel, qu'il s'imaginait ne point penser comme lui en politique, le susdit sous-préfet se révolte, il ne veut plus m'entendre. Ainsi il fallait laisser périr Paris par la faim à cause de la passion politique. Quel patriotisme ! Monsieur. Je tançai vertement votre agent et je me retirai l'âme attristée mais non découragée.

J'avais lu une proclamation d'un général au département, d'un marin, d'un Breton, un ami de Trochu. Ce général parlait de la patrie, de Dieu dans sa proclamation. Je partis pour le chef-lieu où il résidait, et après avoir pris l'avis de l'ingénieur en chef, j'allai frapper à sa porte, sachant qu'il avait un comité de défense, et dans ce comité des hommes spéciaux pour expérimenter. Le général patriote, après mon exposé, me répondit :

— *J'ai été nommé par le Gouvernement de la défense nationale pour les seuls départements de Saône-et-Loire et de l'Ain, votre affaire ne me regarde pas.*

Il y avait dans l'expression des lèvres de ce soldat un tel sentiment de sombre dégoût, et je trouvai sa réponse si mal sonnante que je lui dis.

— *Je viens de telle sous-préfecture, telle chose m'est arrivée ; j'arrive à vous : croyant à vos paroles écrites dans votre belle proclamation, et je vois que j'ai fait fausse route.* Je me levai pour partir, et comme je lui tournais le dos, je saisis un signe qu'il me fit. Cet homme souffre, me disais-je en moi-même, il est dans une prostration morale, il n'a pas lieu de m'en vouloir, il a quelque chose sur le cœur, voyons un peu. — *Vous souffrez*, lui dis-je en partant, et lui de me retenir et de s'épancher avec moi dans ces termes : — *Je n'aurais pas dû vous recevoir ainsi, mais vous pardonnerez, je suis abreuvé de chagrins, je ne puis rien faire, j'ai à côté de moi et en face de moi un préfet qui n'a ni foi ni loi, un...* — *C'est assez, général*, répliquai-je, *n'en parlons plus, puisque les hommes s'entendent de la sorte et qu'il y a un tel désarroi, il n'y a plus rien à tenter, nous sommes perdus.*

Vous avez été à même de l'apprécier mieux que personne ce désarroi ; dans tous vos discours vous parlez de l'abaissement du caractère français ; on sent que vous êtes préoccupé de l'état des mœurs publiques, et, chose étrange et qui est à l'inverse de la réalité, car les chiffres vous répondent, les faits sont là, vous prétendez que l'énervement tient aux influences religieuses dans l'éducation. La religion, d'après vous, la religion catholique s'entend, a amolli les caractères, et c'est à votre sens une des raisons de notre grande déroute. Les soldats du pape et des jésuites, Monsieur, ont fait leur devoir ; je ne prétends point que les autres ne l'ont point fait, mais eux, ils ont été les Macchabées de la campagne.

Les causes de notre déchéance nationale sont multiples, elles sont profondes, elles datent de loin ; la plus forte, celle qui a le plus pesé avec la corruption bonapartiste, avec l'hypocrisie bonapartiste, avec le culte des intérêts matériels de l'orléanisme, c'est l'égoïsme tel que nous le constatons. Or, l'égoïsme, si je ne me trompe, est le fils du sensualisme et du matérialisme. Cet égoïsme, il a existé, comme il existe entre les citoyens, *inter cives*, et dans les longs jours de cette affreuse guerre il se montrait d'autant plus grand que le danger était d'autant plus loin ; témoin ce qui s'est passé parmi les populations du midi que vous avez tant à cœur de caresser. Cet égoïsme, il s'est révélé entre les villes, c'était et c'est encore l'égoïsme *inter urbes*, car, lorsque Strasbourg agonisait, Besançon et les autres cités pensaient à elles, et quand Paris recevait les bombes prussiennes, Lyon, Marseille, Bordeaux songeaient chacune à elle et ne s'ébranlaient pas. Cet égoïsme *inter cives*, cet égoïsme *inter urbes*, il s'est fait, et M. Thiers a pu le palper, égoïsme *inter nationes*. Nous l'avons subi et nous le subissons depuis bien des années cet égoïsme des nations. Seul, un petit peuple voisin a fait exception dans ce triste concert de l'égoïsme, et je me plais à reconnaître que c'est un peuple républicain.

Mais nous ne devions point seulement succomber devant les Allemands, nous devions succomber devant nous-mêmes et devant tout ce qui porte une face humaine, par conséquent devant le monde entier, je veux dire qu'après la guerre étrangère nous devions, sous les yeux de nos ennemis, avoir les horreurs de la guerre civile, de la guerre la plus impie qui ait jamais eu lieu, les crimes inouïs de la Commune.

Je me suis demandé souvent pourquoi après 89 les crimes de 93, pourquoi après le 24 février 1848 les lugubres journées de juin, pourquoi après le 4 septembre 1870 la commune, la hideuse et féroce commune de 1871 ; c'est là un sujet de méditations que je vous engage à faire ; pourquoi dans cette France, après le soleil de 89, après le lever de ce soleil démocratique, ces nuages et ces tempêtes sociales, ces incendies au milieu de ces tempêtes et ces massacres, ces boucheries de la vie humaine au sein même de la patrie ; pourquoi ces guillotines qui décapitent la nation, et quand la guillotine ne fonctionne plus, ces fusillades qui tuent les plus purs d'entre nous ; pourquoi cette France qui s'était signalée dans tout l'univers, qui était son point de mire, qui s'était placée au sommet de tous les peuples, pourquoi descend-elle plus bas que tous ? car enfin si l'Italie, si l'Espagne se signalent également par des chutes profondes, ces chutes ne sont rien en comparaison de ces chutes de notre pays, de ces attentats populaires qui révoltent, font frémir les consciences et jettent l'épouvante dans le monde. Rien de pareil ne se voit dans les autres contrées, dans les contrées mêmes qui vivent sous des gouvernements différents et sous des religions différentes.

Faut-il rendre responsable de ces crimes de lèse-humanité la république, comme on ne cesse de le dire dans un certain milieu, ou bien le catholicisme, comme on ose l'affirmer dans un autre milieu?

Je proteste contre ces deux manières de voir, et je serais heureux de vous entendre protester avec moi sous ce double point de vue. Ce n'est point que je nie que, sous le nom et à l'ombre de ces deux choses, des scélérats ne méditent et ne commettent les plus grands crimes; mais j'affirme que ces deux choses, les plus saintes de toutes, sur lesquelles nous allons encore nous expliquer, après l'avoir fait déjà dans notre *Problème politique*, j'affirme que ces nobles institutions, qui se concilieraient si bien si on les comprenait mieux, ne sont point la cause de ces calamités, que la république pas plus que la religion catholique, que le catholicisme encore moins que la république n'en sont la cause; je prétends au contraire qu'elles seules, en se donnant la main, peuvent nous relever et nous faire encore progresser.

On a dit que les crimes dont il s'agit étaient le résultat forcé de la colère des peuples, d'une réaction inévitable de ces mêmes peuples contre les abus et les injustices de certaines classes privilégiées; mais cela pouvait se concevoir à la fin du siècle dernier, dans notre siècle cela n'a point sa raison d'être; et puis vous conviendrez avec moi, à supposer qu'il y ait eu des injustices commises, il y en a eu de grandes, c'est une mauvaise méthode de vouloir les redresser par la perpétration de crimes infiniment plus odieux.

On a dit encore que nous avions un tempérament à part et que l'influence du climat nous déterminait à agir dans ces circonstances. Ce sont les savants du jour qui soutiennent cette thèse, l'école à laquelle vous appartenez. Mais autrefois, avant 89, nous avions le même tempérament, et si, comme le pense M. Naquet, les savants, mes honorés confrères, en pensent d'énormes en fait d'énormités, s'il pense, votre collègue, d'une manière exacte quand il définit l'homme une pile organo-galvanique, je ne vois pas pourquoi il n'y a pas les mêmes secousses parmi les autres sociétés qui vivent sous d'autres latitudes; il devrait y en avoir constamment toutes les fois que l'atmosphère se charge, et elle se charge journellement, d'électricité contraire.

Laissons ces causes qui n'en sont pas ou qui ne sont que des prétextes, et voyons ensemble celles qui ont été réellement et qui sont.

Je dois vous faire observer que je ne remonterai pas trop haut avec vous, attendu que si vos amis nient la philosophie, la métaphysique, le spiritualisme, vous niez l'histoire. Vous deviez, pour être logique, arriver à cette conséquence, puisque les sociétés ne commencent dans votre opinion qu'avec la grande révolution française, et que tout ce qui s'est passé avant n'est rien ou peu de chose, que d'ailleurs on ne le connaît point; on ne connaît point d'après vous l'antiquité. Autant donc que possible et du moment que vous ne croyez qu'à la raison et à la science, je ne vous aborderai que par des raisonnements purement rationnels et exclusivement scientifiques.

Vous admettrez bien, Monsieur, que, bien longtemps avant 89, la société française était régie par-dessus tout par des idées religieuses. C'est sous l'influence de ces idées et avant tout sous ces influences, quoi qu'en disent les royalistes, qu'elle s'est formée et développée ; l'idée religieuse, voilà ce qui dominait dans cette société. Et cette idée était enseignée, n'est-il pas vrai encore, par l'Église catholique ; et le Dieu qu'on enseignait était un Dieu créateur, sauveur et conservateur ; et la loi de ce Dieu, c'était la loi absolue, la loi morale, la loi qui devrait régir toute conscience humaine, j'ai nommé le Décalogue.

Le Décalogue, il est dans certains de ses articles aussi transcendant qu'il est simple, bien différent des maximes hégéliennes, kantistes de provenance allemande et des systèmes de tous nos philosophes rationalistes, panthéistes et matérialistes. Il est transcendant en ce sens qu'il s'adresse aux plus fortes têtes, aux génies les plus consommés, et il est simple dans ce sens qu'il va à l'intelligence populaire. Il est transcendant en effet, car en ce qu'il proclame l'unité de Dieu, il devance et domine la pensée de Platon, de Cicéron, de Descartes, de Leibnitz et de Cousin. Comme culte qu'il prescrit avant l'ère chrétienne, il dominait tous les cultes. Il est transcendant, non-seulement au point de vue philosophique et religieux, il l'est au point de vue social, car il détermine ce qui est dû à la famille, et il n'a pas attendu 89 pour constituer, avec la famille, la propriété. Ce que le Décalogue prescrit avec la législation hébraïque, relativement à l'obéissance que les enfants doivent aux pères et mères, et quant au respect à la famille et à la propriété, n'a rien d'égal ni à Lacédémone, ni à Athènes, ni à Rome, et lorsqu'il consacre au repos un jour sur sept pour le sanctifier, il est non-seulement éminemment religieux, éminemment moral, éminemment social, mais encore éminemment économique et physiologique ; et, pour apparaître tel, il n'a pas attendu les fameuses expériences de la fin du siècle dernier, ni le jugement de Proudhon, ni les données de l'hygiène la plus élevée, de la physiologie la plus saine, ni enfin ce double décret des chambres de la grande république américaine, qui nous arrive dans ce moment de l'autre côté de l'Atlantique, lequel condamne à des amendes tout profanateur du dimanche et oblige même, également sous peine d'amende, tout citoyen à *assister* à l'église. **Je** vous demande à vous, Monsieur, qui vous occupez de moralité publique, n'est-elle pas une loi sociale et morale tout à la fois, cette loi, quand elle interdit le parjure, l'homicide, le vol, le mensonge, la médisance, la calomnie, et ne devrait-elle pas trouver un écho sympathique dans la conscience de tout honnête homme et en particulier dans la vôtre? Quelle loi, Monsieur, sous ces différents chefs, avait fait mieux? Mais elle n'est pas seulement une loi religieuse, une loi morale, une loi sociale, une loi philosophique, elle est encore une loi scientifique et conservatrice dans la plus grande acception du mot. En effet, elle suppose une connaissance parfaite de la psychologie; elle prouve qu'elle connaît à fond le mécanisme de nos facultés spirituelles, la manière dont les impressions physiologiques provoquent les sensations, l'influence des sensations, des idées sur la volonté pour la faire dérailler et la jeter dans le mal, et si elle fait preuve d'une science profonde de la nature psychologique et morale en interdisant jusqu'aux lectures mauvaises, aux peintures mauvaises, aux désirs mauvais, aux pensées mauvaises, tout ce qui peut produire des impressions mauvaises, quand elle défend les actes honteux, l'onanisme et le reste, quand elle défend l'œuvre de chair, si ce n'est dans le mariage, elle ménage la sève de la vie humaine, et elle la ménage vigoureuse, et elle fait plus pour la santé publique que tout ce qu'on avait fait et tout ce que la science peut faire jamais.

Tel est le Décalogue, Monsieur. L'Église catholique l'enseignait avant 89, elle l'a toujours enseigné, elle ne cessera jamais de l'enseigner. Mais le Christ étant venu en terre, et le Christ ayant dit par ses paroles comme par ses actes qu'il n'était point venu pour abolir la loi, mais pour l'observer, la perfectionner et nous donner les moyens de nous perfectionner, l'Église catholique, qui a été fondée par le Christ, a enseigné plus sans altérer le fond des choses, suivant en cela la voie du vrai progrès, qui consiste à augmenter sans changer et à plus forte raison sans détruire, comme on le fait malheureusement dans la fausse science humaine. En plaçant donc le Christ au centre de son enseignement, comme elle le place au commencement, comme elle le place à la fin, l'Église avant 89 enseignait le Christ, et avec le Christ elle enseignait comme elle enseigne la loi nouvelle.

Je vous prie de considérer ici le progrès.

Elle ne se borne plus à dire avec le Décalogue : Tu ne tueras point, tu ne voleras point, tu ne mentiras point, tu ne calomnieras point, tu ne feras pas de faux témoignages, tu ne seras point parjure, tu ne commettras point l'adultère, tu ne feras pas d'impudicité; tu ne seras point orgueilleux, intempérant, avare, envieux, gourmand, colère, paresseux; tu ne feras pas à autrui ce que tu ne voudrais pas qui te fût fait; elle dit, l'Église avec son Christ: Tu sauveras la vie de ton frère, tu sauveras son âme, tu l'assisteras en tout et partout; tu seras sincère, véridique, tu seras chaste; dans l'acte conjugal tu ne seras point stérile par lâcheté ou par calcul; tu seras humble, généreux, sobre, doux, laborieux; avec ton Dieu tu aimeras ton prochain comme toi-même.

Si j'avais à appeler votre attention, Monsieur, sur le culte catholique, je vous ferais observer que le Christ se trouvant encore au centre dans le sacrifice, l'Église offre un culte incomparable, si bien que sous ce rapport Monsieur le président de notre république n'a pu contenir son admiration à la tribune, et que le maître de M. Jules Simon, Cousin, disait de cette sainte religion, *qu'il n'était point donné à la pensée humaine d'en concevoir une plus parfaite.*

Mais, direz-vous, cette Église, elle a voulu faire des lois, et ces lois ne sont plus conformes à la raison; elle s'est même mise en cela en dehors de l'Évangile.

Les commandements de l'Église, Monsieur, ne sont que les corollaires des commandements de Dieu; ils s'appliquent au Christ et à l'humanité; ils sont faits pour mieux rattacher celle-ci à son Principe, pour mieux la diriger dans la voie du Christ ou de la perfection, pour mieux administrer la thérapeutique spirituelle aux âmes; ils existent en vertu de l'autorité conférée par le Christ, et j'oserais dire en vertu de la loi éternelle du progrès; car le Christ, c'est non-seulement le type de la raison, c'est aussi le type de la science et du progrès; et quand l'Église catholique nous fait un précepte du jeûne à une certaine époque de l'année, quand elle interdit certains aliments à certains jours donnés, elle est loin d'être en contradiction avec la science médicale, comme je crois l'avoir démontré dans mon livre: *La Médecine dans ses rapports avec la Religion;* quand elle met des obstacles aux mariages entre consanguins, elle devance la science. L'Église qui devance la science! Vous ne vous en doutiez guère, et pourtant cela est, comme il est certain que c'est un Jésuite patronné par un pape qui est de nos jours à la tête du mouvement scientifique en astronomie, comme c'est bien un Lazariste qui fait de nos jours en Chine les plus importantes découvertes en géographie et en histoire naturelle.

Le catholicisme, Monsieur, qui remonte au Christ, qui enseigne ce que
le Christ a enseigné, dont toute l'histoire est authentique, comme le recon-
naissait notre Augustin Thierry et comme tant d'autres savants l'ont
reconnu, le catholicisme ou le christianisme *continué*, *organisé*, comme je
me suis permis de le nommer moi-même, se meut dans le progrès, et je
m'étonne qu'un champion du progrès, tel que vous, vous lui contestiez le
droit de progresser, en lui refusant d'ajouter certaines vérités à la somme
de vérités qu'il possède déjà. Est-ce que dans la création matérielle, Monsieur, la science de Cuvier, comme la science en général, ne constate pas le
progrès? Dans la création spirituelle de la vérité morale et religieuse, dans la
religion, le progrès existe également, et à cet égard nous pouvons dire non-
seulement, avec St-Paul, notre foi est raisonnable, mais elle est progressive-
ment scientifique. Le XIX⁰ siècle qui assiste au spectacle de tant de ruines
était appelé à le démontrer. Que si vous ne la voyiez point progresser, vous
l'accuseriez, et quand elle marche en avant vous l'accusez, vous l'attaquez
sans cesse. Prenant des allures voltairiennes, vous lui faites un crime
d'ajouter *tous les jours* des dogmes à ses dogmes, et vous allez jusqu'à
prétendre que les plus sincères d'entre nous en sont révoltés; comme si
nous vous avions fait juge de notre sincérité outragée; comme si moi
qui crois au Christ de Dieu, qui, comme enfant de l'Église, crois nécessairement que le Christ est Dieu, et qui ai écrit ce que j'ai écrit sur l'hérédité spirituelle, je pouvais penser que ce Dieu qui est la sainteté même
ait pu s'incarner dans le sein d'une femme corrompue héréditairement;
comme si, à une époque où l'impiété ravale les mères, il n'était point nécessaire de les relever dans la personne de la mère de l'Homme-Dieu; comme
si dans des temps où l'autorité n'est plus nulle part, où le rationalisme
a tout dissous dans les doctrines, où l'esprit humain et la conscience
humaine ne savent plus où se prendre, il n'était point nécessaire de s'en
rapporter à la sentence d'un juge suprême en matière de foi et rien qu'en
matière de foi; car, comme le fait observer avec beaucoup de sens l'archevêque de Paris, Mᵍʳ Guibert, celui qui croirait autrement et qui croirait
que cette infaillibilité s'applique aux choses civiles et politiques, celui-là
serait excommunié par le chef de l'Église; comme si enfin croyant au
Christ, croyant que le Christ est la Vérité, et sachant ce qu'il a dit à son
successeur, le pouvoir qu'il lui a donné de *confirmer ses frères dans la foi*,
je pouvais ne point admettre que dans la loi morale et religieuse, au
tribunal de cette loi sur la terre, il dût y avoir un juge suprême qui décide
en dernier ressort. On admet une infaillibilité relative devant les tribunaux

quand on reconnaît à un magistrat le droit de prononcer, et quand il s'agit de la loi absolue on ne reconnaîtrait pas un droit absolu, une infaillibilité absolue à Celui qui représente le Christ, qui parle au nom du Christ et dans les graves questions, après avoir pris l'avis de ses frères dans le Christ! Au surplus, comme on l'a fait observer, l'Église n'imagine rien, elle n'invente rien, elle ne crée rien; les dogmes nouveaux qu'elle a sanctionnés, c'étaient des vérités existant déjà, gisant dans le terrain de la tradition, elle n'a fait que les confirmer; tout comme la science, quand elle découvre une vérité nouvelle, un fait nouveau, elle ne fait que les constater. La science ne crée pas, elle trouve, elle met hors de doute ce qu'elle trouve, mais encore un coup elle ne crée rien, elle découvre ce qui est dans la nature, et c'est en cela qu'elle progresse. Il y a plus, par rapport à l'infaillibilité doctrinale, on n'a pas manqué encore de le faire remarquer, la chose existait déjà dans la pratique avant sa consécration par le concile du Vatican.

Je ne vous demande point pardon, Monsieur, de vous faire passer par ces raisonnements pour vous faire arriver à la grande cause de nos malheurs et de la décadence française. Il faut en effet, pour la saisir, bien savoir ce qu'est au fond l'Église catholique, ce qu'elle enseignait dans notre pays, au nom de qui elle l'enseignait, et partant avec quel degré d'autorité elle l'enseignait. Vous remarquerez que, dans cette discussion, je tiens ma promesse de ne pas aller trop loin avec vous; je n'essaie point de vous démontrer historiquement la Divinité du Christ. Le Christ n'a point besoin de ma démonstration, comme il n'a point besoin de votre négation pour être ce qu'il est: sa doctrine le prouve assez, et les résultats de sa doctrine, qui a transformé le vieux monde, le démontrent surabondamment. Toutefois, je puis, ce me semble, soutenir devant vous qu'il n'est point un législateur de l'ordre politique, encore moins le *révolutionnaire Jésus*, selon le mot et le sens d'Alphonse Esquiros, l'un des vôtres, un penseur de premier ordre et un administrateur de première classe. Le Christ est le législateur de la loi absolue, de la loi morale, et comme tel il a donné une sanction à sa loi. Il n'a point fait comme M. Jules Simon, dans son livre, *le Devoir*, que vous connaissez pour l'avoir lu; Lui, le Christ, le philosophe des philosophes, le grand-maître de la philosophie, il ne confond pas la raison de l'homme, lumière. flambeau, destinée à nous éclairer dans la route, avec la volonté, puissance active, qui nous pousse dans cette route; quand il parle de vertu, de devoir, Lui, le Christ, Il se comprend, Il sait ce qu'il dit, tandis que le philosophe-ministre n'en sait rien ; il n'en sait pas plus que vous ; il ignore comme vous sur quoi la vertu se fonde, et, méconnaissant notre nature morale presque autant que vous la méconnaissez, il va jusqu'à parler à l'homme de ses devoirs sans lui donner les moyens de les accomplir ; il va plus loin encore, le profond moraliste, il va jusqu'à poser une loi morale sans sanction.

Le Christ est donc le Législateur de la loi morale, et, comme philoso-phiquement et scientifiquement parlant, sa morale est la plus parfaite de toutes les morales, il est, comparativement à tous les sages et sous le rapport de la vérité morale, la lumière de l'humanité, en même temps qu'il est l'expression de la plus haute justice ; je ne dis point avec vous qu'il est la Lumière des lumières, la Lumière divine, mais je dis qu'il est la plus grande lumière qui ait paru dans le monde. Or, vous l'avez compris, à cause de mon demi-siècle, de la nature de mes études, de ma profession et j'ajouterai de mon amour pour vous, je me suis posé en face de vous pour vous opérer de la cataracte, car il faut encore que vous le sachiez bien, vous avez la cataracte, elle est chez vous double et très-opaque, et je dois user pour le succès de l'opération, si succès il doit y avoir, de toute la prudence que nous autres praticiens nous devons apporter en pareil cas, c'est-à-dire que nous devons placer notre sujet dans certaines conditions et ne soulever que peu à peu le voile pour faire pénétrer peu à peu les rayons lumineux dans l'œil. Si je vous montrais Jésus-Christ comme étant Dieu, ou plutôt si le Christ vous apparaissait tel, le Christ-Lumière, immédiate-ment après l'enlèvement de la cataracte, ou bien dans le cours de l'opéra-tion, l'œil de votre âme en serait irrité, votre vision intellectuelle serait perturbée, compromise, tant vous êtes peu apte, Monsieur, à supporter pour le moment les vérités de l'ordre supra-sensible. Je vous prie donc de con-sidérer avec moi l'enseignement chrétien au point de vue de la raison et de la science, et si vous avez saisi cet enseignement, au point de vue moral surtout, ma démonstration est bien près d'être achevée.

En effet, si vous avez compris quelle était la loi chrétienne enseignée par l'Église catholique dans notre pays bien des siècles avant la révolution de 89, vous aurez compris combien le Christianisme, enseignant une pareille morale, s'attaquant à tous les vices, faisant germer toutes les vertus dans l'humanité française, avait dû exercer son action sur les mœurs publiques, combien il était de nature à les élever et par conséquent à élever la nation. Oui, Monsieur, c'est le Christianisme qui nous a faits ce que nous étions ; c'est parce que le Christ avait pris son droit de cité parmi nous, ou, si vous voulez, parce que nous lui avions donné ce droit, que nous avons eu la première place au soleil et que nous avons rayonné dans le monde tant de lumières et tant de vertus.

Mais il arriva que le bisaïeul de M. Guizot, il y a des parentés spirituelles, Luther, un moine apostat, se révolta contre le chef de la religion catholique. Tant qu'il n'attaqua que les abus, il ne faisait que son devoir; mais quand cet orgueilleux, qui aimait la bonne chère et les nonnes, voulut mettre sa raison avant celle de l'Église, par conséquent au-dessus de celle du Christ, il donna un exemple criminel, l'exemple de l'insurrection de la raison humaine ou relative contre la Raison absolue; il ébranla l'Europe, et notre pays en ressentit un choc funeste; il arriva que le grand-père de M. un tel et de M. un tel dans la politique, je veux dire Voltaire, non-seulement s'en prit au pape, mais au Christ lui-même, il attaqua l'Infâme, et pour lui l'Infâme c'était le Christ; il sapa le Christianisme dans les esprits légers de l'époque et prépara avec Jean-Jacques Rousseau la révolution. Le crime de Voltaire n'est point d'avoir attaqué les abus du catholicisme, mais d'avoir miné la chose; il arriva que les hommes de 89, déployant tout ce que l'esprit humain peut déployer, tentèrent de former une société avec la raison seule, la déesse Raison, et vous savez ce qui s'est passé : Robespierre fut obligé de rétablir le culte de Jean-Jacques, le déisme, le culte de l'Être Suprême, de ce Grand Architecte que la franc-maçonnerie avait d'abord pris pour symbole et dont, vous le savez mieux que pas un, elle ne veut plus aujourd'hui ; 89, je l'ai écrit dans mon problème politique, *est l'expression de la plus haute raison humaine, mais c'est aussi la preuve expérimentale de ce que devient cette raison quand elle fait acte de scission avec la Raison divine.* Nous ne sommes, politiquement parlant, que des pygmées à côté des hommes de 89. Le crime de cette grande époque est donc d'avoir voulu marcher en dehors de la religion, sans le Christianisme, sans Dieu, comme si l'on pouvait jamais se passer de la Divinité dans le gouvernement des sociétés humaines ; il arriva que non-seulement on ne voulut plus de Dieu, plus de religion dans la politique comme au sein de la nation française, mais des réformateurs vinrent qui attaquèrent l'âme humaine, qui nièrent avec Dieu l'âme immortelle de l'homme ; ce sont les prétendus savants de la science moderne que vous prônez tant, et avec ce progrès dans la négation, depuis qu'on a nié l'âme humaine et Dieu, nous avons ce que vous déplorez, *l'immoralité publique, et avec la perte de nos qualités héréditaires,* c'est votre mot au Hâvre, avec la perte *des véritables sentiers de la morale, de l'honneur français,* ce sont encore vos expressions, ces chutes lamentables, ces catastrophes sans exemple, *ces explosions d'une masse enflammée* mue par des instincts féroces.

Il est impossible, si l'on est de bonne foi et si l'on a des yeux pour voir, de ne pas saisir ici la relation de l'effet à la cause, car c'est depuis et rien que depuis qu'on a éliminé la Raison du Christ que nous avons ce que nous avons.

La cause de notre décadence est donc évidente, Monsieur; elle vient de ce qu'on a voulu mettre l'homme à la place de Dieu. Elle ne vient point de ce qu'on a renversé les rois; les rois, ils ont contribué à faire la France quand ils ont mis l'autel avant le trône; mais quand ils ont placé le trône sur le même niveau, quand surtout ils l'ont mis au-dessus, quand ils ont voulu faire de l'autel un marche-pied, quand ils ont abandonné Dieu et voulu être les seuls dieux sur la terre, alors ils ont bouleversé l'ordre des choses et se sont détrônés eux-mêmes. C'est en vain que de nos jours ils appellent Dieu à leur secours, Dieu sait ce qu'ils veulent, il les abandonne ou les précipite de nouveau. Voilà pourquoi, de rois comme d'empereurs Dieu n'en veut plus à Rome, comme à Madrid, comme à Lisbonne, comme à Turin, comme à Vienne, comme à Paris, comme bientôt partout en Europe, et en vérité il n'en faut plus.

La cause de notre déchéance est palpable. Mais nous nous sommes demandé pourquoi le peuple français descend plus bas que tous les peuples. C'est parce que plus que tous les autres nous avons renversé ce qui fait la base de la loi morale, et partant de toute société; parce que, à la place de l'affirmation, nous avons mis non point seulement le doute mais la négation, et que la religion nouvelle, la vôtre, la religion de la matière et des organes a pénétré jusques dans les masses; c'est encore parce que, étant le peuple choisi de Dieu, le peuple privilégié sous la nouvelle loi, comme le peuple juif l'était sous l'ancienne, nous avons chassé le Christ-Messie, et que nous le mettons à mort dans la personne de nos archevêques. Paris tue ses archevêques, Jérusalem tuait ses prophètes; voilà pourquoi nous sommes si rudement châtiés. Puissent ces châtiments nous détourner du crime et puissions-nous ne pas être dispersés un jour aux quatre vents du ciel, sur les bords de l'Oural ou d'un nouvel Euphrate! Dans les autres contrées, en Allemagne, en Angleterre, en Russie, on conserve encore quelque chose de la vérité religieuse. Si les gouvernements de ces pays sont coupables, ils le sont énormément, le peuple ne l'est pas, tant s'en faut, vis-à-vis de Dieu; c'est ce qui explique pourquoi on ne voit point parmi ces nations de ces crimes populaires et de ces châtiments comme on en voit chez nous, et c'est ce qui explique aussi pourquoi l'Autriche est tant menacée.

Et puis, toujours au point de vue purement rationnel, que voulez-vous, Monsieur, que devienne un peuple, quand avec les passions mauvaises qui sont au cœur de l'humanité et dont les savants, vous le premier, ne tiennent aucun compte, il n'a plus de frein moral, il ne croit plus qu'à la jouissance et à la force ? Ce peuple alors se compte et il veut jouir envers et contre tout. Un peuple qui n'a plus la loi morale, c'est un navire qui n'a plus de boussole, un train qui n'a plus sa voie, et le seul moyen de le ramener dans sa voie, c'est de lui ramener le Christ quand il l'a perdu ; car le Christ, c'est la Voie, c'est la vie des peuples : c'était particulièrement la Voie et la vie du peuple français, et si nous voulons vivre comme nation nous serons bien obligés de mettre perpétuellement à l'ordre du jour la motion Brunet et de nous convertir à son idée sur le Christ.

Quand je dis, Monsieur, qu'il faut ramener le Christ parmi nous, il faut bien s'entendre. Je ne dis point qu'il faille ramener le Christ de la noblesse servile de Louis XIV, de la noblesse pourrie de Louis XV, du clergé français comme étant un corps politique dans l'État, du clergé italien, du clergé espagnol rassasiés de richesses et de pouvoir temporel, le Christ de certains prélats, de certains princes des prêtres qui n'ont pas tant à cœur les choses spirituelles que les matérielles, qui se soucient fort peu de la science en général et de la science en particulier, qui montent dans les châteaux et ne descendent jamais dans les chaumières, qui voudraient avoir un pied à la tribune et un pied dans la chaire ; le Christ de ces prêtres qui construisent de beaux temples et qui par leur piété officielle ou de commande, par leurs sympathies intéressées avec les pervers démolissent la véritable Église ; le Christ de ces abbés citadins qui donnent dans le vernis du siècle, causent de tout, s'occupent de tout, savent de tout et ne savent point ce qu'il faudrait savoir ; de ceux qui sont à la piste de petits bénéfices, de petits intérêts, ou qui ne sont charitables qu'avec l'argent des autres ; le Christ de certains desservants, qui vivent sans travail, se réunissent dans des conférences où les fonctions digestives priment les fonctions intellectuelles, qui s'occupent avant tout d'eux comme nous le faisons malheureusement tous et qui sont prudents de notre prudence égoïste.

Il faut prier, Monsieur, car prier c'est ramener le Christ. Le jour où l'assemblée nationale a prié, elle a eu raison de la Commune, comme le jour où nous abandonnions l'Église du Christ à Rome, ce jour-là les

Prussiens cernaient Paris. Il faut prier afin de ramener le Christ évangélique, le Christ des premiers siècles, le Christ des Jérôme, des Augustin, de Clovis, de St-Louis, de Fénelon, de François de Sales, de François-Xavier, de l'archevêque Affre, du curé d'Ars, de l'abbé Deguerry; le Christ de certains prêtres qui sont comme des Christs vivants, et dont, Dieu merci! nous pouvons encore contempler, avec les vertus sacerdotales, la face auguste parmi nous; le Christ de la petite sœur des pauvres, le Christ de la sœur hospitalière, de nos vaillants soldats, qui tombaient naguère et qui en tombant confondaient dans un égal amour le Christ et la France. Voilà le Christ, le véritable Christ qu'il nous faut, c'est le Christ qui règne sur les âmes, dont le royaume n'est pas de ce monde; c'est le Fondateur de la société catholique qui a pour but de faire triompher la loi morale; c'est le grand Législateur de cette loi absolue qui doit servir de type à nos lois sans se confondre avec elle; c'est le Président de cette république chrétienne qui doit planer au-dessus de toutes les républiques civiles et sur lesquelles toutes les républiques civiles doivent se mouler.

Lorsque je dis qu'il faut ramener le Christ, j'entends dire qu'il faut conserver son culte, qu'il faut respecter le sacerdoce du Christ; et, comme le sacerdoce, comme le culte, pour être, ont besoin de moyens matériels, comme pour exercer le ministère spirituel il est besoin d'indépendance, nous devons bien nous garder de dépouiller les ministres du culte, de spolier Celui qui le représente ici-bas.

Vous saisirez d'autant mieux ces choses, Monsieur, que vous considérez la propriété comme une force intellectuelle (la propriété, *une force intellectuelle!* C'est fort de philosophie, c'est de vous; ce que je souligne là est encore de vous), que vous considérez, dis-je, la propriété *comme une force intellectuelle destinée à garantir la liberté d'esprit et l'indépendance morale de l'homme.* J'aurais donc voulu comme je voudrais toujours qu'on ne portât point les mains sur le patrimoine de St-Pierre, qu'on laissât Rome au St-Père, avec tous les grands monuments du culte catholique.

Louis Bonaparte a fait l'unité italienne dans le but de s'en servir, et nos démocrates ont poussé à cette unité par haine de la papauté. Il n'était point prudent d'agir ainsi. Il fallait affranchir l'Italie sans doute comme Pie IX le voulait en 1847, mais il fallait en l'affranchissant faire des différents états de la Péninsule une confédération qui n'aurait pas manqué de devenir une confédération républicaine. De cette façon Rome devenait une ville neutre; elle restait la ville sacrée, la capitale de la république chrétienne

dans tout l'univers; la couronne royale tombait, il est vrai, du front du
Souverain-Pontife, mais la tiare était conservée, rehaussée, et le Christ
était satisfait. Ce que des empereurs et des rois ne voulaient et ne
pouvaient point faire, la république le pourrait; elle ne le fera qu'autant
qu'elle sera sage, religieuse et non athée. Ah ! si vous l'aimiez d'un amour
raisonnable, Monsieur, la république française, combien vous prêcheriez
le Christ de Dieu dans vos tournées présidentielles !

La cause de nos malheurs donc, c'est la négation du Christ et de l'âme
humaine; le remède, le grand, le seul et unique remède, c'est le spiritualisme avec une démocratie religieuse affirmant le Christ.

J'arrive à votre doctrine politique, Monsieur, c'est la république.
Ce n'est point une idée nouvelle, et certes elle peut soutenir l'examen.
Vous n'avez, je le constate, rien qui vous soit propre ni dans la forme,
ni dans le fond; vos expressions *de fortune, de destin, de génie national,
de raison publique*, sont bien vieillies pour être dans la bouche d'un savant
de l'école moderne, et vous n'innovez même rien quand vous nous
déclarez *qu'il n'y a pas de formule unique pour faire le bonheur du monde*.
Le Christ ne vous avait pas attendu non plus sur ce point, lui qui disait
que *nous aurions toujours des pauvres*. Nous devons vous être néanmoins
reconnaissants de cet aveu.

Vous avez raison, Monsieur, d'insister sur les résultats de la révolution
française, sur l'égalité devant la loi, devant les charges, devant les
successions, sur la liberté politique; toutes ces choses avec la fraternité
dont vous n'avez point pu parler, mais qu'on avait jadis inscrite sur le
drapeau, sont des conquêtes précieuses, acquises à jamais et devant rendre
impossibles à jamais les monarchies; et toutes ces choses sont éminemment
chrétiennes; elles découlent en ligne droite du Christ. 89 a dit *égalité*
devant la loi, le Christ avait dit égalité devant la justice de Dieu; 89 a dit
*liberté*, le Christ avait affranchi le monde de l'esclavage, et il n'y a pas un
être plus libre que le Christ ou le vrai chrétien; 89 a dit *fraternité*, le
Christ avait enseigné que nous étions tous frères et même que nous étions
ses frères à Lui. En vérité je ne puis comprendre, quand je réfléchis à la
doctrine du Christ et à la noble devise de 89, comment on peut être
républicain sans être en même temps chrétien, et comment un chrétien,
un chrétien de ce Christ qui a enseigné de telles choses au monde,
qui inclinait vers les faibles, qui se penchait surtout du côté des opprimés,
comment ce chrétien-là n'est point républicain. La république a parlé
d'associations; mais le Christ avait recommandé de s'aimer les uns les

autres, de s'unir, de s'aider les uns les autres, et Lui nous a tant aimés qu'il s'est immolé pour nous, et les enfants du Christ s'aimaient tant dans les premiers siècles qu'ils mettaient tout en commun, et, sous l'influence et l'inspiration du Christ, des associations de toutes sortes, des corporations ouvrières se sont formées au grand honneur de l'humanité et du nom français. Je vous en conjure, Monsieur, considérez un peu la grande doctrine du Christ. La révolution, dites-vous encore, a réhabilité le travail ; mais le Christ a travaillé dans l'atelier de Nazareth et il a sanctifié le travail, comme il a avec son église sanctifié le mariage, comme il a tout sanctifié. Non, des millions de fois non, je ne puis comprendre que ces deux choses, la république et la doctrine du Christ, ne soient point alliées ensemble, en principe du moins.

L'évêque d'Orléans prétend qu'il ne trouve ni dans sa raison ni dans son cœur de quoi se décider plutôt pour la république que pour la monarchie ; moi, j'y vois tous ces graves motifs et j'y trouve encore un motif en plus qui les résume tous, c'est l'équité, c'est la justice.

Dans la monarchie, c'est un seul qui fait les affaires de tous ; dans la république, ce sont tous qui font les affaires de chacun, ou, si l'on veut, c'est chacun qui fait ses affaires ; dans la monarchie, c'est un seul avec des co-intéressés qui règle les intérêts, et l'histoire universelle nous apprend dans quel sens ils sont réglés ; dans la république, les intérêts, étant réglés par chacun, et chacun pour les régler jouissant d'un pouvoir égal, se trouvent équilibrés en faveur de tous ; dans la monarchie, on commence d'abord par s'adjuger pour soi et pour les siens des millions qu'on distribue suivant ses caprices ou ses vues personnelles ; dans la république, on ne connaît point de ces listes civiles écrasantes et corruptrices ; dans la monarchie, avec l'hérédité, le principe dynastique, les abus se perpétuent, s'enracinent ; dans la république, si celui à qui l'on a délégué le pouvoir ne remplit pas son mandat, on le renvoie dans un délai limité, et les abus ne peuvent se transmettre, la clientèle des privilégiés ne peut s'établir et surtout persister ; dans la monarchie héréditaire, ce peut être le plus indigne de tous qui gouverne ; dans la république, c'est le plus digne. Tout cela suffit pour faire que jamais un prétendant ne consente à devenir simple citoyen ; un prétendant se faisant citoyen, c'est en politique la quadrature du cercle réalisé ; si je suis réellement républicain, c'est que j'entends que le droit de mon voisin soit égal au mien ; le gouvernement de la république est le gouvernement de la justice humaine la plus équitablement répartie ; c'est, en droit, le gouvernement le plus juste ; voilà pourquoi tant d'honnêtes gens et de très-honnêtes partis n'en veulent point et s'efforcent de le rendre impossible; il devrait être et serait incontestablement le plus fort, s'il était compris et établi une bonne fois, par la raison majeure que tout le monde serait intéressé à sa conservation.

J'ai dit qu'en principe je ne comprenais point comment il se faisait que les républicains n'admettaient point le Christianisme (il en est qui l'admettent, ils sont malheureusement trop rares), pourquoi, et ils ont cela de commun avec tant d'autres, ils le repoussaient, pourquoi même chez beaucoup d'entre eux cette haine contre la religion. La chose s'explique trop bien quand on considère les hommes tels qu'ils sont et non tels qu'ils doivent être, et pour l'observateur attentif ce n'est pas une des moindres preuves en faveur de cet Édifice sublime qui se tient toujours debout en face des passions conjurées depuis près de deux mille ans.

Le Christianisme qu'enseigne l'Église catholique défend entre autres choses l'insubordination vis-à-vis de l'autorité paternelle et civile, et tous les insoumis, tous les rebelles, ceux qui veulent être tels, lui en veulent; il défend l'impudicité, et tous les libertins lui en veulent; il défend le vol, le mensonge, la médisance, la calomnie, et tous les voleurs, tous les menteurs, tous les médisants, tous les calomniateurs lui en veulent; il défend l'adultère, l'intempérance, l'envie, la gourmandise, la colère, la fainéantise, et tous les fainéants, les emportés, les gourmands, tous les envieux, tous les ivrognes, tous les débauchés, les petits et les grands crevés, tous les concubineurs lui en veulent; il défend l'orgueil, voilà pourquoi tous les orgueilleux qui s'obstinent à être orgueilleux, tant de pseudo-savants, de pseudo-philosophes, de pseudo-politiques, tant de médecins, tant d'avocats surtout lui en veulent; voilà pourquoi tous ceux qui veulent demeurer dans leurs vices lui en veulent; voilà pourquoi ces multitudes avilies, dégradées, perdues par les faux sages, par les gouvernants coupables, par les pharisiens du temps, par les scandales bourgeois, financiers, égarées par l'ignoble journalisme, s'attaquent au Christ et à ses prêtres dans les heures de perturbation sociale et s'acharnent avant tout contre ce qui porte un caractère religieux.

D'où il résulte, Monsieur, ce phénomène qui n'a rien d'étrange, mais qui n'a rien de rassurant, à savoir: que la démocratie anti-religieuse, celle que vous représentez avec la science littréenne, offre à la surface, comme étiquette, des principes magnifiques, excellents, mais recèle dans le fond des orages épouvantables et n'est qu'une vaste officine d'éléments et d'appareils de destruction, et, si avec votre science athée, avec ces masses ignorantes dont vous nous entretenez, vous reveniez au pouvoir, j'affirme, cela va de soi, nous venons d'en voir un cruel échantillon, que votre démocratie, la vôtre, serait, en dépit de vous, malgré vous, rigoureusement et nécessairement, un monstre titanique dont la tête orgueilleuse menacerait le Ciel et dont l'immense queue imprégnée de pétrole embraserait la terre.

Une femme qui a ravagé bien des âmes de par le monde, Georges Sand, se recueillant un jour, a reproduit l'antique maxime, *errare humanum est*, quand elle a dit *que la nature humaine n'est qu'un tissu d'inconséquences*. Comme vous êtes bien, Monsieur, cette nature-là, lorsque, constatant *les plaies morales* de la France, vous nous donnez pour la guérir le régime matérialiste avec la science de Littré, et que vous voulez supprimer, avec l'Église, le Christ qui a fait notre gloire et notre force, lorsque, par votre système d'éducation, vous vous proposez de soustraire la jeunesse à l'influence religieuse pour la confier à des démagogues, auxquels M. Thiers ne voyait rien de mieux à opposer dans le temps qu'un prêtre de l'Évangile et auxquels il ne trouve rien de mieux pour leur opposer aujourd'hui que le numéro 606 de l'internationale ! Combien vous êtes inconséquent, Monsieur, quand, parlant de moralité publique, vous supprimez la loi morale, la religion, qui porte cette loi. Ah ! vous ignorez bien ce qu'est la science politique, vous ne soupçonnez guère qu'elle a ses racines dans la morale et quelles sont ses lignes de démarcation avec le grand système religieux, le Christianisme. Vous avez sans cesse sur les lèvres le mot de liberté, et vous ne voulez point de la liberté d'enseignement, alors même que vos adversaires, qui ne le sont jamais quand il s'agit d'être Français, vous ouvrent leurs portes et vous permettent tous les jours de voir qu'ils n'enseignent rien contre l'État. Vous pensez qu'avec de la chimie, de la physique, de l'arithmétique, de la géographie, on peut faire de la morale ; mais pour élever un peuple il faudrait avant tout savoir quelles sont les facultés qu'il y a dans l'homme, et dans votre école on ne reconnaît que des organes, tels qu'un tube digestif, des appareils de reproduction, de la matière cérébrale ; que venez-vous donc nous parler de conscience publique, de morale publique ! Votre science moderne vous interdit ce droit ; ces mots n'ont aucun sens prononcés par vous ; ils ne peuvent en avoir, et votre collègue à l'assemblée, un petit avocat qui a fait un livre à titre prétentieux, qui dans ce livre a condensé toutes *les idées modernes* qu'il n'a certainement point comprises, qui veut, lui aussi, régénérer son pays, ne serait pas mal avisé s'il vous rappelait à l'ordre. Il est au moins conséquent, lui, cet éminent, ce député chalonnais, franc-maçon, positiviste, athée, qui se faisait administrer six mille francs par an pour administrer sa ville, au lieu de dire comme vous l'*âme de la patrie*, il dit le *cerveau de la France ;* comme vous, il a fait un journal dans un but, et quand Bancel meurt, il s'écrie dans ce journal : *Bancel est mort, tout est mort, c'est une force de moins pour la démocratie.* Pour être rigoureusement d'accord avec lui-même, il aurait dû dire *c'est une cervelle de moins.*

Que vous êtes inconséquent, Monsieur, et que vous donnez à suspecter la pureté de votre patriotisme, quand, parlant de l'ignorance des masses comme vous le faites, vous voulez hâter la dissolution en les convoquant dans les comices pour le renouvellement immédiat de la chambre. Si ces masses populaires sont ce que vous dites, comment voulez-vous qu'elles votent en connaissance de cause, et si vous les appelez à voter sans que vous ayez pris le temps de les éclairer et de leur enseigner *avec la science leurs devoirs de citoyens*, comment voulez-vous qu'on n'admette point qu'il y ait calcul de votre part et que c'est vous, bien vous, qui voulez vivre et vous exalter aux dépens de la *bêtise humaine ?* Vous seriez conséquent si vous agissiez autrement et si vous vouliez ne rien précipiter ; vous le seriez, si vous épuriez le suffrage universel, si vous éliminiez les indignes, si vous vous prononciez pour le suffrage à deux degrés, pour 25 ans comme première limite d'âge ; si, vous fondant sur ce que le plus grand des devoirs étant de porter les armes pour son pays, le plus grand des droits correspondants étant celui de voter, vous priviez de ce droit les instituteurs et les membres du clergé, dispensés les uns et les autres du service militaire. Si les instituteurs primaires doivent le service militaire, votre plan d'éducation croule, et c'est ce que vous ne voulez pas ; si vous n'en dispensez pas le clergé, le culte croule, et c'est ce que vous voulez ou ce qu'on veut parmi vous. La religion habite des sphères trop élevées pour descendre sur le terrain de la politique ; la robe du républicain Lacordaire a perdu de sa majestueuse ampleur à la tribune ; les autres y perdent de leur dignité. Que la Religion, comme je l'ai dit ailleurs, *soit libre avec les moyens de l'être dans l'État libre qui les garantit*, et que l'État vive en paix avec elle et qu'il ait pour elle le respect et la vénération qui lui sont dus. Vous, Monsieur, vous ne voulez point seulement la séparation de l'Église et de l'État, mais vous voulez la suppression de l'Église ; vos doctrines vous forcent à ce résultat.

Combien vous êtes *attardé* quand vous proclamez le culte de la raison !

Il a fait ses preuves, il y a près d'un siècle, ce culte-là, au milieu de la tourmente révolutionnaire. Vous nous criez : *fiez-vous à la raison !* A la vôtre ? mais elle est cataractée, inconséquente, illogique ; à celle de vos amis ? mais elle l'est davantage ; à celle des monarchistes ? mais elle l'est également, aveuglée qu'elle est par l'intérêt ; à la mienne ? mais elle ne vaut pas mieux dans la science morale, si elle ne coïncide avec celle du Christ ; à la raison publique ou collective ? mais où est-elle ? quelle est-elle ? que peut-elle être, grand Dieu ! quand elle est le produit de toutes les raisons individuelles qui sont ce qu'elles sont. Il faut dans les choses de la morale un *criterium*, comme il faut des principes fixes et indiscutables en politique, comme il faut des axiômes en géométrie. Devant cette proposition : *le tout est plus grand que la partie*, votre raison se permet-elle de discuter ? Évidemment non. Et pourquoi ? Parce qu'elle trouve qu'elle lui est adéquate. Et en ne la discutant pas, trouvez-vous que votre raison abdique, qu'elle perd son libre arbitre ? Nullement ; si vous y réfléchissez, vous estimerez tout simplement que vous faites acte de raison. De même en morale, Monsieur, à moins que je n'aie un petit intérêt et que ma conscience morale soit un peu tarée, je trouve que je n'ai pas plus le droit de discuter un article du Décalogue, ce précepte, par exemple : *tu ne voleras point*, que j'ai le droit de mettre en question un axiôme géométrique, et, quand il s'agit des choses morales et religieuses, je regarde comme rationnel et très-rationnel, tout en réfléchissant librement, de régler ma raison sur l'expression de la Raison absolue, laquelle n'est autre que le Décalogue et la loi du Christ, et quand j'agis ainsi je ne me sens pas plus atteint dans mon indépendance et dans mon libre arbitre que lorsque j'admets une vérité indiscutable de l'ordre mathématique ; je fais tout simplement un acte de jugement sain et de saine raison. Le criterium, en morale comme en religion, c'est la Raison du Christ. Fions-nous à cette raison du Christ et non à la nôtre, et nous serons des citoyens dignes, de haute moralité, et si nous sommes des hommes moraux, des hommes honnêtes, des hommes justes, nous serons de bons et d'excellents politiques. Nous ne serons point des politiques plus que rusés, à double face, menteurs, hypocrites, amalgamant le *fas* et le *nefas*, équilibrant le pour et le contre, comme on le fait malheureusement, machiavélistes, italiens, comme on l'a été pour notre honte et notre perte ; nous serons des politiques honnêtes jusque dans notre prudence, dans nos calculs, dans toutes nos combinaisons, des politiques sincères, loyaux, clairvoyants avec la Raison du Christ, et justes par-dessus tout, puisque le Christ, qui est la Justice même, sera avec nous. Et puis encore que parlez-vous de morale? La science moderne, celle d'Auguste Comte, de Littré, le positivisme, la science de l'école actuelle vous dénie ce droit; par elle, en vertu d'elle, je ne saurais trop vous le redire et le démontrer à tous, et mes *Considérations sur le Problème du temps* tendent à cette démonstration, il n'y a plus que des organes à satisfaire, un cerveau par des impressions, un estomac, des organes génitaux, vous savez par quoi; le but final de cette science est la jouissance individuelle et collective dans l'humanité-Dieu.

Vous préconisez la science, Monsieur, vous déclarez qu'il n'y a qu'une chose qui *fonde les véritables sociétés, qui élève l'homme*, et que cette chose *c'est la science*. On avait cru jusqu'à vous que c'était la justice qui soutenait et élevait les nations; vous confondez probablement, mais si vous ne confondez pas ces deux choses essentiellement distinctes, combien vous faites preuve de connaissances négatives en histoire, et si le peuple-roi, le peuple romain et tant d'autres qui n'ont pas connu la science se relevaient de leur tombeau, comme ils riraient de vous et vous prendraient en pitié! Loin de moi la pensée de ne point l'apprécier, la science! Elle est une face de Dieu et l'un de ses rayons dans l'intelligence humaine; voilà près de trente ans que je la cultive, et si vous saviez comme moi, Monsieur, ce qu'elle enseigne de nos jours, dans un milieu qui est le vôtre, relativement *aux causes premières et finales du monde*, vous sauriez qu'elle est *attardée* de plusieurs milliers d'années. La science de nos savants qui font quelque bruit aujourd'hui, elle se réduit, comme je l'ai exposé dans mon *Enseignement médical de l'École de Paris*, à des faits, à des détails qui n'ont aucun lien, qui attendent une intelligence supérieure pour les rattacher à leur loi et les rendre réellement féconds dans la pratique. Quand je vois le chef du Positivisme, Littré, à l'Académie française, je ne puis m'empêcher de dire que ce ne sont pas seulement les principes des sciences qui s'en vont, le spiritualisme qui s'en va, mais c'est la langue française qui dégénère, c'est notre admirable et célèbre langue qui sent avec lui la pulpe cérébrale et les *penchants altruistes*, qui sentait déjà le suc pancréatique, la bile, avec Claude Bernard et son *déterminisme*, qui sentira le muco-pus, l'urine et les matières fécales avec d'autres. Que si vous me parliez de la science des Dumas de l'Institut, des Andral, des Cauchy, des Récamier, des Bonnet de Lyon, des Lordat de Montpellier, des Le Verrier, je vous entendrais; mais vous n'en voulez plus de cette science-là, parce qu'elle ne nie ni l'âme, ni Dieu. D'ailleurs la science, Monsieur, sans la morale peut bien faire des habiles et des roués, mais elle enfle, dit l'apôtre, elle ne

produit que des orgueilleux, et la science sans Dieu, sans le Christ,
n'est trop souvent qu'une lumière au service de l'homme pour lui faire
découvrir l'objet de ses convoitises et de son ambition coupables; la science
sans le Christ chez la plupart des individus qui n'ont pas reçu une éducation suffisante, et souvent même nonobstant cette éducation, n'est bonne
qu'à faire des filous ou d'honnêtes voleurs; l'instruction sans Dieu, c'est-
à-dire sans le principe de la justice ou de la morale dans les masses, ne
peut faire que ce qu'elle a fait: des pétroleurs et d'exécrables pétroleuses.
Ah! l'on n'a point constaté de catholiques, d'observateurs du Décalogue
parmi ces derniers! Cela devrait vous donner à réfléchir, à vous qui êtes
un penseur.

O profond législateur! dans quelle profondeur vous êtes descendu!
Vous aspirez, je n'attaque nullement votre bonne foi, vous aspirez à relever
la France, et en rejetant le Décalogue qui impose l'obéissance aux enfants,
aux jeunes gens, à tous les subalternes, vous ne faites que des indiscipli-
nés, car entre obéir et désobéir il n'y a pas de milieu, et si ces indiscipli-
nés sont des soldats, vous dissolvez l'armée.

Vous voulez tonifier moralement la France, et avec votre religion des
organes, qui est le dernier degré du sensualisme, que faites-vous, malheu-
reux? Comment arracherez-vous des bras de sa maîtresse cet esclave d'en
haut et d'en bas pour le jeter dans les bras de la patrie? Comment, aux
jours du danger, pourrez-vous enlever à son luxe et à sa caisse ce luxueux
et ce cupide? Comment entraînerez-vous ces multitudes armées qui s'attar-
dent dans les lieux de débauches et qui ne sont propres qu'à chanter la
Marseillaise d'une voix envinée? Les officiers, avant de donner un coup
d'épée, songeront à donner un brillant coup de fourchette; vous aurez de la
fanfaronnade, mais point de cette bravoure qui assure le succès; chacun
pensera à soi; on pense surtout à sa panse sous le règne de la science
nouvelle; à défaut d'esprit patriotique, il vous faudra, comme il en a déjà
trop fallu, de l'esprit alcoolique pour surexciter la milice nationale; peut-
être faudra-t-il la pile du laboratoire Naquet pour l'électriser? Et quand
vous voudrez aller en avant, vous vous précipiterez en arrière. Donc, sans
la loi de Dieu, la loi du Christ qui suppléait à tout et que rien ne peut
suppléer, ni vos impuissantes lois sur l'ivrognerie, sur l'armée et sur
tant d'autres choses, ni votre bagage scientifique, sans la loi religieuse, ou
mieux contre cette loi, avec votre science athée, dans un pays jadis soumis
au Christ, vous faites non-seulement un peuple de filous, un peuple de suffi-

sants, un peuple de rebelles, un peuple d'ivrognes, un peuple de libertins et de bandits, mais encore un peuple de lâches.

Je ne voudrais point anticiper sur le jugement de l'histoire et dire pourquoi la capitulation de Sedan et toute cette série de capitulations, pourquoi un empereur, le premier des monarques en apparence, s'est trouvé tout d'un coup soudé, ankylosé dans Sedan, à ce point que 80,000 hommes se sont trouvés avec lui soudés, ankylosés. Ce sont-là de ces faits de la plus haute signification. Je ne crois pas que Lamoricière ou le colonel de Charette, avec un nombre égal de zouaves pontificaux, eût capitulé. Direz-vous que la science avait conseillé plus d'une fois à cet élu de plus de sept millions de suffrages de ne point abuser de ses organes, que par l'abus qu'il en avait fait il avait son torse abîmé, et que physiologiquement il n'avait dans ses reins ni assez de force, ni assez de souplesse pour sortir de là et pour franchir les lignes prussiennes? Il y a du vrai dans cette manière de voir. Mais le sensualisme, Monsieur, n'écoute rien; celui qui ne croit pas à l'âme et à Dieu et qui ne croit qu'aux organes et à la terre, veut jouir, et la jouissance par trop répétée, l'abus, appelle invinciblement, si la religion n'intervient, la jouissance et l'abus. L'empereur s'était joué du Christ, il avait soudoyé un renégat, *un savant*, pour achever le Christ, et la suprême Logique, la Logique absolue, quelque chose probablement encore comme le Christ, l'a amené dans Sedan, et quand elle l'eut amené là malgré lui, contre toutes les combinaisons du métier, par cette marche *ondoyante* dont a parlé le prince de Bismarck, elle l'a soudé là, elle l'a ankylosé là, elle a abandonné là ce Balthazar moderne aux effets de ses voluptés organiques et de son orgueil, comme elle vous a livré vous-même à votre science militaire et à votre génie sur les bords de la Loire; et si jamais la France était assez follement coupable pour vous suivre dans vos négations, dans vos insurrections contre la loi divine, ce ne seraient plus seulement 80,000 hommes qui seraient un jour ankylosés devant l'étranger, ce serait la nation tout entière.

Vous dites encore que vous voulez l'*ordre avec la liberté;* vieille formule de 1830. Mais votre droit de tout dire, de tout écrire, de tout livrer à la publicité, de tout mettre en question, est le renversement de l'ordre, et cette *liberté absolue* de la presse dont votre ami Jules Simon se déclarait hautement le *partisan absolu* sous le régime impérial, n'est plus que de la licence absolue. Encore si elle n'était que de la licence, mais quand elle s'attaque aux prêtres, à la religion pour arriver, quand elle ménage pour ce l'instituteur, le porte-blouse des villes et la taverne, comme on le fait parmi les vôtres, elle devient une spéculation qui n'a d'égale, en fait d'infamie, que la lâcheté du candidat croyant qui n'ose dire un mot du Christ et des choses religieuses. Le libre dire enfante le libre faire, c'est-à-dire que tout sort des doctrines, les actes des peuples, comme ceux des individus. Personne, Monsieur, ne vous empêche de penser, ni moi, ni d'autres, ni l'Église, ni le Christ, ni le Vicaire du Christ. Celui qui vous a donné la faculté de penser, vous l'a donnée pour en faire usage, mais il ne vous l'a pas donnée pour en user contre Lui, contre la société, contre votre Patrie. Le Christ vous dit : *Regarde bien les grandes lignes de mon enseignement, examine-moi bien, examine la loi que je te donne pour accomplir ta double destinée ; tu es libre, mais si tu transgresses mes commandements, si tu t'insurges contre moi, je t'attends à la mort ; je n'attends point les nations en tant que nations, je les ai châtiées comme je les châtie dès ce monde ; j'attends les individus, tous les individus en particulier ; je t'attends donc au moment suprême, à l'heure où tu auras un terrible pas à franchir et où ton âme infidèle et criminelle tombera en ma puissance.* Et l'Église de faire comme son Christ, de nous menacer avec sévérité en ne cessant de nous avertir avec amour.

L'ex-libre-penseur Dumas, le fils du trop fameux Alexandre, dans sa lettre du 8 juin 1871, datée du Puys, plus qu'éclairé par les incendies de la capitale, disait qu'il *fallait exterminer tous ceux, y compris nos amis et nos frères, qui ne croiraient pas à Dieu, à l'âme et à la religion.* Le Pape ne va pas aussi loin que M. Dumas, il s'en faut infiniment ; il se borne à lancer des foudres spirituels qui ne brûlent point et n'exterminent pas ; et quoiqu'en disent, pour le besoin de votre cause, vos amis, et quoique vous en disiez vous-même, l'Église d'une manière générale a toujours procédé ainsi, et ce que vous débitez à cet égard, vous qui vous condamnez à ne rien savoir dans les choses du passé, retombe sur les gouvernements civils et non sur l'Église.

En renversant le Christ, Monsieur, on renverse la base de l'Ordre, car le Christ c'est encore l'Ordre ; et d'ailleurs il serait par trop temps de comprendre qu'on ne fonde rien de stable et de solide en donnant carrière à toutes les passions, et que si la République offre la plus grande somme de droits, c'est pour elle une obligation d'astreindre à plus de devoirs, et qu'en conséquence elle doit être plus sévère, plus inflexible que la monarchie.

Vous êtes prodigieux, Monsieur, quand vous prétendez que le suffrage universel *se trompe rarement.* Étant ce qu'il est, avec des multitudes et des passions qui sont ce qu'elles sont, il est impossible qu'il ne s'égare point.

Vous êtes non-seulement étonnant, prodigieux, mais vous ignorez jusqu'à l'histoire contemporaine, quand vous déclarez que *les peuples ne périssent jamais* par des *convulsions intestines*, *des luttes de partis*, et lorsque vous définissez la liberté : *les droits de l'homme et du citoyen*, vous ne confondez point seulement philosophiquement le subjectif avec l'objectif, c'est-à-dire la faculté d'être libre, inhérente à l'être moral, au moi, qui réside dans les profondeurs du sujet, avec ce qui est en dehors de cet être, le droit à une chose par exemple, mais vous glissez avec votre raison sans lumière et votre volonté sans frein dans les systèmes sociaux les plus épouvantables, vous allez jusqu'à Krause, Hobbes et Bentham, que votre privilége de réformateur vous dispense sans doute de connaître. Je regrette pour votre réputation ces propositions et tant d'autres. Ni le ton tranchant, ni l'audace, ni la forme grave que vous apportez, Littré est parfois magistral dans la forme, ni les hauteurs où vous vous placez, rien, Monsieur, ne saurait les faire passer, et prenez garde de mériter l'épithète que Proudhon administrait aux démocrates, je ne dis point de votre trempe, mais de votre langage.

Timon disait que M. Guizot avait l'orgueil du pouvoir, que M. Thiers en avait la sensualité, nous, nous pouvons dire que vous en avez la rage, car après le dénouement de la désastreuse campagne de France, vous devriez avec tous les Rouher de la scène vous isoler pour méditer, vous devriez voyager par la pensée pour étudier; voyager par la pensée ! Cela ne coûte rien, peut très-bien se faire et se fait très-bien, et si votre Littré était dans le vrai, quand il affirme dans *son* dictionnaire de Nysten, falsifié par lui et un autre, que nous n'avons qu'un cerveau pour penser, nous ne le pourrions nullement. Nous ne pourrions ni sentir, ni aimer, ni connaître, ni réfléchir, ni vouloir, ni induire, ni déduire, ni combiner des plans, ni conspirer pour être à la tête d'un gouvernement, si nous n'avions en nous que de la matière nerveuse ou autre, qui n'est toujours au fond que de la matière.

Recueillons-nous, Monsieur, examinons bien qui nous sommes. Tous nous avons de grands devoirs à remplir. Le clergé français en a d'immenses. Il faut, quand le progrès et la perfection sont dans la doctrine qu'il nous enseigne, que le progrès dans ses vertus, à lui, soit presque parallèle; j'admets que la vertu est bien difficile à pratiquer de nos jours; mais si l'on met le pas dans le pas du Christ, si l'on s'élève pour respirer au-dessus de l'atmosphère matérialiste, la vertu, la vertu surhumaine et nécessaire à l'heure présente se manifestera avec l'aide du Christ. Les politiques, eux

aussi, ont un immense devoir, et ce devoir vous le signalez à juste titre ;
ce n'est point seulement d'équilibrer le budget et de mettre des soldats en
ligne, c'est *de relever les mœurs publiques*, et ils ne peuvent y contribuer
avec le clergé qu'en pratiquant hautement la doctrine du Christ. Ceux qui
possèdent en ont aussi, ils doivent s'incliner du côté de ceux qui ne possèdent
pas, et ceux-ci doivent oublier leurs haines envieuses, ils doivent tendre
à se réconcilier avec ceux qui ont, et cette réconciliation ne peut se faire
réciproquement qu'avec le Christ ; je vous défie encore de pouvoir l'opérer
autrement. Enfin, vous et moi, nous avons nos devoirs à remplir et de très-
grands. Moi, je pense souvent à ces paroles d'un livre inimitable, *celui qui*
*se connaît bien se méprise*, et plus que jamais je me les applique à moi-
même, et plus que jamais, par ces temps de décadence qui nous a tous
amoindris, je déclare que je ne vaux quelque chose moralement que
lorsque je me rapproche du Christ, que je communie avec le Christ, et si
après mûr examen je soustrais à mes pauvres malades quelques moments
pour vous les consacrer et pour vous transmettre ces réflexions, c'est pour
obéir à un pénible et impérieux devoir. Je crois donc que je fais ce que je
dois en vous avertissant et en avertissant en même temps mon pays.
Quant à vous, Monsieur, qu'il me soit permis en terminant de vous le
révéler, votre premier devoir, et j'espère que du moment que vous vous
préoccupez de morale publique et sociale, vous l'accomplirez, votre premier
et rigoureux devoir est de considérer attentivement la morale du Christ,
de vous recueillir pour la méditer, de quitter, du moment que vous n'êtes
plus Génois, de quitter ces loges qui ne conviennent ni à votre intelligence,
ni à notre race de Francs, qui produisent des Napoléon III, des Frédéric-
Guillaume, qui ne sont plus que des leviers pour les habiles et des refuges
pour les simples, qui s'imaginent pouvoir vivre sur les autres ; et puisque
vous êtes un homme politique encore jeune, et que vous avez échoué,
comme vous l'avez fait, votre plus grand devoir après celui-là, c'est de
travailler pendant de longues années avant de songer à prendre en main
la chose publique ; c'est, quand le laborieux vieillard aura savouré le
pouvoir, qu'il aura achevé sa tâche et fait oublier son passé en se déclarant
franchement et résolument pour le Christ, d'abdiquer en faveur d'un plus
expérimenté que vous, d'un plus judicieux que vous, qui n'aura pas
les antécédents que vous avez, qui pourra, par ses convictions à toutes
épreuves, établir ou affermir sans le risquer ce que vous voulez, ce que je
juge aussi nécessaire que vous, le gouvernement de la république. Cet
homme existe, les montagnes du Jura l'ont vu naître, et par son caractère

comme par ses vues philosophiques, il est le trait d'union naturel entre le Christianisme et la démocratie. Puisse-t-il être le véritable restaurateur de l'un et le véritable fondateur et organisateur de l'autre ! Puisse-t-il, dans l'intérêt de la France et du monde, et pour déjouer en Europe les calculs de la force, avoir ce double honneur et cette incomparable gloire !

Que si vous persistez dans une ambition trop forte pour vos facultés, et si, par malheur, les vagues populaires vous ramènent au pouvoir; si, Mexicains de la décadence, les Français voient en vous leur Juarès, et si les fils de Lamartine, de Benjamin Constant, de Chateaubriant, de Lafayette, de Carnot, de Mirabeau, de Turenne, de Bayard, de Duguesclin sont assez dégénérés pour subir votre loi matérialiste et n'avoir pas su prévenir un tel déshonneur et une telle ruine, il arrivera alors une de ces deux choses : ou bien vous subirez la volonté aveugle des masses, vous irez jusqu'où elles voudront aller, et vous serez un des plus grands scélérats de la terre; ou bien vous leur résisterez, vous leur parlerez de discipline, d'ordre, de travail, de vertu républicaine, de supériorité intellectuelle, vous vous poserez en travers de leurs exigences criminelles, et ce peuple qui voudra jouir, ces masses, ivres de jouissances et voulant jouir envers et contre vous-même, vous fusilleront.

Vu ce que vous avez été comme dictateur de la France et ce que vous déclarez être aujourd'hui, vos idées erronées à part, j'estime que vous ferez des efforts pour lutter contre les violences et les attentats populaires, je le crois, je l'attends de vous, mais dans ce cas ce ne sera pas seulement votre sang qui coulera, ce sera le sang de bien d'autres qui sera versé largement, à flots. Dans l'une et l'autre hypothèses, la République, sous les coups des ennemis du dedans et du dehors sera plus que jamais et pour longtemps compromise ainsi que notre belle patrie.

Chalon, imp. J. Dejussieu.